NOVELA SOBRE AUSCHWITZ-HIROSHIMA

La pérdida del sentido del Ser

PUBLICACIONS ILLA SOBRE MAR

NOVELA SOBRE AUSCHWITZ-HIROSHIMA

La pérdida del sentido del Ser

Joan Gelabert

Copyright © Joan Gelabert i Rian

ISBN: 9781521727294

Primera edición e.book mayo 2016
En papel, julio 2017

PUBLICACIONS ILLA SOBRE MAR
Carrer del Molí 25, Sa Pobla 07420
Illes Balears.

NOTA DEL EDITOR

A finales del año 2014 editamos la novela *El bosc sagrat* (El bosque sagrado), en la que se narra la vida del poeta místico Joan Sindic, que se retiró en el Santuario de Lluc, situado en un bello paraje de la Sierra de Tramontana mallorquina. El diálogo que ahora presentamos corresponde a la segunda parte, capítulo 18, de dicho libro. La ya cotidiana tragedia de los refugiados, a los que la Unión Europea ha cerrado sus puertas para echarlos fuera, nos incita a publicar el presente escrito pues la reflexión sobre nuestro pasado nos revela lo que está escondido en nuestro presente y nos subyuga: la Europa humanista feneció y lo que vive devorándose se llama nihilismo racional-técnico. Eso explica Lesbos e Idomeni, y las deportaciones a Turquía.

Allí donde falta la compasión aparecen las grandes bestias.

EL CUENTO DE LA PÁGINA EN BLANCO

LA PÉRDIDA DEL SENTIDO DEL SER

Hacía bastante tiempo que yo no veía a mi amigo el escritor. Y debo confesar que últimamente lo tenía olvidado, tal vez porque, además de no publicar nada, se había refugiado en un monasterio perdido en la montaña. Ahora un amigo común, editor suyo y para el que yo trabajaba esporádicamente, me había enviado el manuscrito de su último libro, y, después de leerlo, había creído que tenía una buena excusa para ir a visitarlo y hacerle una larga entrevista. Su manuscrito se acababa con una narración titulada *El cuento de la página en blanco*, que para mí era como la metáfora de su adiós, es decir, que ese cuento era su manera de decirnos que ya no volvería a publicar más. Este era el motivo por el que quería hacerle una larga entrevista; quién sabe si la última. Él estaba al margen del mundillo literario, y nunca llegué a saber con certeza si lo detestaba o, más simple, no le importaba para nada. La verdad es que vivía apartado de nuestro mundo.

A fuera estaba nevando, pero su celda era muy confortable. Después de tomarnos un café y fumar unos cigarrillos, fui yo quien le hice la primera pregunta.

- *El cuento de la página en blanco*, ¿supone el abandono de la escritura? Es decir, abandono, o renuncia querida, o desinterés por la literatura, o simplemente la aceptación de que uno ya no tiene nada más que decir. Dime: ¿cuál es el sentido de ello?

- *El cuento de la página en blanco* tiene múltiples significados, y no soy yo quien debe explicarlo, sino el lector que lo debe de leer.

Se hizo un silencio, y me pareció que él no tenía muchas ganas de conversar. Temí por mi entrevista, de manera que, a pesar de que sabía que él me diría que era un tópico, le pregunté:

- *El cuento de la página en blanco* ¿simboliza la angustia del escritor delante de la hoja en blanco?

- Esta idea es típica de ti, o de escritores como tú, que tienen que escribir en periódicos, revistas y suplementos. Quiero decir que es muy normal que alguien que tiene la obligación de escribir cada semana un montón de artículos, pues llegue un día en que se quede en blanco. Yo diría que este escritor está estresado. He ahí su *miedo* a la página en blanco.

- Pero no es tu caso.

- ¿Miedo?... ¡Válgame Dios! Escucha, te lo diré así: *El cuento de la página en blanco* es la mente del lector, y debe ser él mismo quien persiga a los pensamientos, o dejarlos en silencio. Posiblemente algunos habrán girado la página diciéndose: «¡Qué tontería!», pero alguno habrá que se haya quedado pensativo delante de la página en blanco. Para mí, tan sólo esto es literatura: que la lectura te obligue a pensar. Si no, si solamente pretendes divertirte, pues bien: ¡diviértete!

- Has dicho «dejar la mente en silencio» – dije pensativa –, o algo así. Pues acabo de acordarme de una pieza musical que John Cage escribió y que se titulaba «Silencio». Él mismo la interpretó: salió al escenario, se sentó en el taburete, abrió la tapa del piano y durante un buen rato se quedó en silencio.

- Bueno, así era el *happening* – dijo él sonriendo –. La verdad es que lo de Cage parece que tiene más significado ahora mientras lo estamos recordando que en el mismo momento de producirse. No creo que en aquella sala se escuchara el silencio.

Igual que tampoco creo que en mi página en blanco se pueda leer el silencio. Ahora bien: hacer el silencio es la condición previa para que uno se pueda encontrar a sí mismo. Lo que pasa es que la mayoría de las veces el silencio resulta molesto, te estorba, nos embaraza.

- El silencio narrativo de la página en blanco me lleva a preguntarte si has abandonado definitivamente *La novela sobre Auschwitz*, en la que has estado trabajando diez años.

- No he trabajado en ella diez años – me corrigió él –. Durante más de diez años intenté darle forma, y dediqué muchas horas a intentar esclarecer el horror, la barbarie, la maldad, en fin, todo aquello que debía de ser, por decirlo así, el tema de la narración. Pero en balde. Por eso se puede decir que la he dejado definitivamente. ¿Por qué? El tiempo es una cosa misteriosa, pues hace surgir las cosas en un tiempo y luego las hace morir en otro, y luego ya no hay nada que hacer.

- ¿Por qué ese interés tuyo por Auschwitz?

Su rostro insinuó una mueca, y luego dijo:

- No es la primera vez que tú, u otro, me lo pregunta. Y siempre me ha dejado una *impresión extraña*, pues lo normal sería estar interesado en Auschwitz, mientras que lo *anormal* creo que sería no estar interesado en ello. Estoy hablándote de nuestra generación, mejor dicho, de todos aquellos que pertenecen básicamente al siglo XX. Por lo tanto, creo que no es necesario que uno deba ser alemán, ni judío, ni tan siquiera tener algún familiar republicano que muriera en un campo de exterminio nazi. Tampoco fue nunca para mí un tema literario; más bien diría que es algo grotesco considerar a Auschwitz como un tema literario. Las cámaras de gas todavía son nuestro espejo.

- Creo que quieres decir que el núcleo de *La novela sobre Auschwitz* trataba de responder a la pregunta sobre la identidad del hombre. ¿Qué somos?

- Así es, Maria Cinta. ¿Qué es el hombre, y, por lo tanto, quién soy yo? Dar con la respuesta, o intentar dar una respuesta a este enigma humano era el propósito básico que guiaba mi visión de *La novela sobre Auschwitz*. Por ello pensé que yo, o alguien como yo que no estuviera implicado en ningún sentido en la barbarie, se encontraba en mejores condiciones para dar una respuesta que no los mismos protagonistas, esto es, los verdugos y las víctimas. O de los que vivieron aquellos tiempos e intentaron transmitirnos el horror, como por ejemplo Adorno, el filósofo, al decir que «Después de Auschwitz escribir poesía sería un acto de barbarie». La cita quizás no es del todo exacta, pero su sentido salta a la vista. El lirismo sería obsceno; por una parte, precisamente porque el dolor de un yo particular enfrente de la tragedia humana colectiva es obsceno, y, de la otra, porque lo que había pasado no era comprensible. Es decir, escapaba a nuestra comprensión, igual que el enigma de la esfinge.

Con esta expresión, Joan no solamente se estaba refiriendo a la mitología griega y a Edipo, sino también al eterno misterio que rodea a la condición humana. Es decir, a lo que somos nosotros mismos y que para nosotros mismos sigue permaneciendo oscuro.

- Dices que los mismos protagonistas tal vez no estaban en condiciones de dar una respuesta a la enigmática pregunta. Sin embargo, tenemos libros que dan testimonio del horror y que son moralmente cautivadores, como por ejemplo los de Primo Levi.

- Cierto. También tenemos visiones sobre los

verdugos, como la que nos transmite Hannah Arendt en *Eichamnn en Jerusalén,* que pretende ser un estudio cuidadoso sobre la banalidad del mal. Pero libros sobre el holocausto los hallaríamos a montones. La bibliografía sería interminable; quiero decir la bibliografía sobre el nazismo por un lado, y por otro la que trata del judaísmo, sin contar a los testigos directos y las búsquedas personales. De hecho, existen documentales y, también, películas no comerciales que han tratado profunda y ampliamente el tema, y que eran *muy fuertes.* Bueno, contigo hemos hablado de estos documentales realizados con tanto rigor histórico y perspicacia humana. Estoy pensando en la *Shoah* de Claude Lanzmann.

- Una película maravillosa, esto es, ¡terrible!

- Bueno… En definitiva, resolver la cuestión no es un problema de material o de falta de estudios históricos, políticos, sociológicos, psicológicos, etcétera, sino de *comprensión.* Por consiguiente, *La novela sobre Auschwitz* quería plantear la pregunta correctamente sobre el hombre e intentar comprender su enigma. Es por este motivo que durante más de diez años la tuve en la cabeza, quería impregnarme de ella hasta el punto que un día me saliera la respuesta de forma natural, espontáneamente. Sin embargo, ello parece no tener solución.

- Antes has hablado del mal, de la banalidad del mal. Ahora hablas de una cuestión que parece no tener solución. ¿Estás diciendo que Auschwitz sería un problema filosófico?

- No lo sé – admitió él pensativo –. Auschwitz tiene muchas caras, y no sabes bien si debes sumarlas a todas para hallar su solución, o debes descartar algunas hasta reducirlo a una.

- Pero el mal es considerado un problema

filosófico, ¿no?

- Sí, un problema metafísico. Sin embargo, yo no creo que debamos de considerar a Auschwitz desde ese punto de vista.

- ¿No?

- Bueno, no creo que sea muy correcto hacer el siguiente razonamiento: si hallamos una explicación al mal, esto también nos explicará Auschwitz, y si no la hallamos, pues lo atribuiremos a la incomprensión del mal. Sería tan falso como aquello que dicen algunos: los que lo hicieron eran nazis. Como si una ideología pudiera dar satisfacción al holocausto. Es falso. No eran nazis, eran *hombres*. Ahora bien, una cosa diferente es: ¿la cuestión del mal ayudaría a entender los campos de exterminio y, por ende, nos ayudaría a resolver el enigma del ser? Mi respuesta es que sí, ayudaría a ello. Y mi novela quería explorar esa posibilidad, sin olvidar alguna otra aparentemente más pequeña e insignificante como la del ego. En fin, saldrían muchas más.

- Se ha hablado del silencio de Dios.

- No me hagas reír. ¡Qué bobada! Me parece muy bien que uno afirme que Dios no existe; pero que dé por supuesto que existe y que «permitió la barbarie», esto ya me resulta infantil. Centrémonos, por favor, en el hombre, y en la civilización que él ha construido. Estos son los límites que nos permitirán comprender el problema. O por lo menos que lo planteemos correctamente. En este sentido no creo que sea insensato afirmar que Auschwitz, en alguna medida, nos muestra el fracaso de la civilización europea. No el fracaso técnico y científico, pues es un hecho que esta parte de la civilización ha triunfado; pero la otra parte, la humana, la ética, la que da un valor en sí al hombre, esa quedó enterrada en las cenizas. Y en la medida en que nuestra civilización ha sido, también, formada por el cristianismo, éste, o para ser más justo y preciso, la Iglesia ha quedado mancillada.

- ¿La Iglesia como parte del instrumento civilizador?

- Sí.

- Bien, más tarde volveremos sobre este tema – dije consultando algunas notas que había tomado –. Sin embargo, estoy pensando que has liquidado muy pronto el problema del mal. Recuerdo… En fin, prácticamente desde el primer día en que me comentaste lo de *La novela sobre Auschwitz* no dejaste de dar importancia a la cuestión del mal. Y por ende también a Dios. O de la relación del hombre con Dios, para ser más precisos. Me acuerdo de que el mal te llevaba a tener una visión histórica de la realidad humana, que se conectaba con lo misterioso de la religiosidad humana. El mal te conducía al ejercicio del poder, y desde ahí llegábamos a la voluntad de poderío de Nietzsche. Todo esto, y aún más, me parecía que formaba parte de la novela. Y ahora, ¿el mal ya no importa para entender Auschwitz?

- Vamos a ver. *La novela sobre Auschwitz* ha tenido, a lo largo de estos años, puntos de vista diferentes, y a medida que avanzaba se hacía más gruesa, hasta el punto de que pensé que la novela tendría mil páginas. Lo cual me asustaba porque tenía miedo de sepultar debajo de tanto material la pregunta clave, la que daba una explicación a la *comprensión posible*, y la que, de alguna manera, arrojaba un rayo de luz sobre *el ser*.

- ¿Te refieres al enigma de la esfinge?

- Sí, debemos descubrir quiénes somos.

- Te entiendo. Auschwitz sigue siendo nuestro

espejo.

- Nuestro espejo – confirmó él, y por un instante nos quedamos callados en el cálido silencio de la celda monacal.

- ¿Y entonces? – dije yo para invitarlo a proseguir.

- Por lo tanto, la novela daba una gran importancia al problema del mal. Tenía que haber muchos personajes, había aquel que explicaba el mal como el pecio por la libertad, como sostenía san Agustín, o el que veía en él lo absurdo mismo, el sinsentido de la civilización, y el que veía al pecado por excelencia del hombre enfrente de Dios. ¿Me explico? La miseria humana… La cantidad… la inmensidad de todo esto…

- Sí, te entiendo. La novela sobre Auschwitz era algo monumental porque…

- No sé si yo diría monumental. Pero bueno, sí, sin medida.

- Monumental, grandioso, excesivo, sin medida… Era algo monumental porque los mismos hechos que se intentaban explicar eran monumentales, esto es, sin medida humana posible.

- Vale. El hombre conocía el infierno, fuese el infierno bíblico, el poético de Dante o el del horror de la guerra. Sin embargo, lo que es nuevo en la larga historia de la humanidad es la emergencia de un nuevo infierno, de un infierno nunca visto hasta entonces, y este nuevo infierno emergía de Auschwitz. Esto te da una idea de que la novela me excedía, quizás porque excede cualquier medida humana.

- ¿Dios ha muerto?

- Recordemos que Nietzsche lo dijo mucho antes de Auschwitz, y por consiguiente esa concepción nihilista se tendría que aplicar más a una visión anterior al holocausto que a la posterior. No obstante, si Dios había muerto antes de Auschwitz es obvio que quien muere en Auschwitz no es Dios, sino el hombre. El hombre tal como lo hemos considerado durante los últimos dos mil años, el hombre en tanto que un valor en sí mismo, el hombre en tanto que instrumento de civilización, el hombre en tanto que ser espiritual, esto es, con poder de trascenderse. Es *esto* lo que ha muerto. Ahora bien, puesto que el mundo continúa es obvio que la «cosa» continua, de manera que podemos decir que hemos entrado en una nueva era, en una nueva civilización, ésta puramente técnica y científica, en la que el hombre, esa «cosa», aún está por hacer. Es decir, no tenemos la perspectiva suficiente como para saber o conocer a ese hombre técnico-científico. Sin embargo, para hacernos una idea de él, quizás, y digo solamente que quizás, pues tengamos esa idea en la bomba de Hiroshima.

- Entonces ¿tú crees que en Auschwitz muere un hombre y en Hiroshima nace otro?

- No, no. No confundamos las cosas. He dicho que quizás para hacernos una idea del nuevo hombre podríamos ver qué hizo la técnica en Hiroshima. No sé si tú sabías que mi novela en principio se titulaba *La novela sobre Auschwitz e Hiroshima*, pero quedaba largo.

- Sí, lo recuerdo – confirmé yo –. Y me acuerdo de que en alguna ocasión me dijiste que los americanos habían lanzado dos bombas atómicas, pero que era anecdótico puesto que habrían podido lanzar perfectamente tres. O incluso ¡más de tres! de no haber claudicado los japoneses. En resumen, dijiste, la maldad o el mal también estaba en el interior de los norteamericanos.

- Así es. Solamente te corregiría lo de «ameri-

---

canos» diciendo, con más propiedad y justicia, que eran hombres los que lanzaron las dos bombas. Estamos hablando del hombre, no de los alemanes o de los americanos, como si fueran hombres diferentes, especies de hombres diferentes. No, no. Auschwitz e Hiroshima ponen en cuestión el fin de nuestra civilización.

- Maticémoslo: la occidental.

- Por supuesto. Si Auschwitz hubiera tenido lugar en África, en la China, en la India o en el Próximo Oriente, es decir, en cualquier otro lugar del mundo no civilizado, o al menos diferente de nuestra civilización, pues no tendría demasiada trascendencia. Los bárbaros no éramos nosotros, los bárbaros eran el resto del mundo. Por consiguiente, si el acto de barbarie se hubiera desarrollado en otra cultura, lo hubiéramos considerado *normal*, pero no cuando este acto de barbarie sucedió en nuestra propio hogar, siendo nosotros mismos los bárbaros.

- Los caníbales.

- Sí, alguna vez me expresé así porque me parecía una imagen más nítida de la carnicería. De nosotros mismos.

- Si me permites que te lo diga, no todo el mundo estaría de acuerdo. Muchos te dirían: no fuimos nosotros, sino *ellos*. Ese hombre se equivoca, nosotros no tuvimos nada que ver con *ellos*.

- Esto me recuerda – dijo él sonriendo – la frase de Valéry: «Qui ne peut attaquer le raisonnement, attaque le raisonneur».[1]

- ¡Vale!

- Pero te voy a ser claro: esto solamente es una reacción instintiva, defensiva, poco atenta a consi-

---

[1] Quien no puede atacar el argumento, ataca al argumentador.

derar la situación general. Pensar cuesta, no es un trabajo fácil. No me estoy refiriendo a pensar en las cosas cotidianas, que ya se realiza automáticamente. Pero imaginémonos que somos hormigas, y que uno de nosotros dice: no, no fuimos nosotros lo que aniquilaron a seis millones de hormigas, sino ellas, la hormigas del hormiguero de al lado. Esto es cierto en tanto que contingencia individual, no en tanto que condición universal. Porque si la naturaleza de la hormiga permite aniquilar a seis millones de hormigas, yo, que soy una hormiga, estoy limitado por esta condición y no puedo escaparme: soy ella misma. Es por esta razón que la condición humana, o, si lo prefieres, el hombre civilizado, muere en Auschwitz, y la idea de hombre, de la que yo tengo básicamente mi identidad, mis límites, se hace añicos. *La novela sobre Auschwitz e Hiroshima*, no lo olvides, tenía esta idea bien clara sobre la identidad, sobre quién o qué somos. Por ello, en la novela, en un tono tal vez grosero, se habría respondido a todos aquellos que dicen que no fuimos nosotros, sino «ellos», pues habría respondido esto: después de Auschwitz-Hiroshima el hombre no vale más que el pedo de una puta. Y si vosotros decís que fueren ellos, con toda seguridad es porque sois la puta.

- Joan…

- La verdad es que para poder entender bien las cosas debes ser generoso. Sólo aquel que tiene un pensamiento generoso está en condiciones de alcanzar o de intuir circunstancias o realidades que para otros no existen o son demasiado borrosas. Si tú dices: fueron ellos, fueron los nazis, pues no entenderás nada, tus pensamientos se convertirán en mezquinos y la mente mirará la realidad de una forma totalmente pueril. Por consiguiente, la generosidad en el acto de pensar es una atalaya excelente. Y en este sentido es un muy buen ejercicio colocarse en la Alemania de los años treinta y cuarenta imaginándote cómo hubieras actuado tú misma. Obviamente si me dices que te habrías comportado muy diferente a como lo hizo la mayoría de la población alemana, lo único que harás será no imaginarte bien la situación, o, peor aún, engañarte, ser mentirosa contigo misma. Y la mentira desde luego nos muestra como muy pronto hubieras levantado tu brazo y que, aún más pronto, habrías denunciado ¡a tus amigos judíos!

- Lo extraño es que la mayoría de veces nos estamos olvidando de que Alemania era la cuna de la cultura europea moderna. Tenía genios en filosofía, en música, en literatura, en poesía… Me resulta desconcertante: la barbarie no nació en el desierto, sino en la fértil tierra de la cultura – dije yo repasando mis notas –. Volvamos, si te parece, al papel de la Iglesia en tanto que forma parte del instrumento de la civilización.

- Pero sobre ello no creo que se pueda *decir* nada mas de lo que ya es evidente: en Auschwitz se produce la quiebra de nuestra civilización, y la Iglesia, que durante… digamos mil quinientos años ha ayudado a darle forma, a dirigir, a controlar, a educar lo que ha sido nuestro mundo, ella también está en quiebra. No sé si me explico. Pero volviendo al símil de las hormigas, resulta evidente de que si unas hormigas están dirigiendo un hormiguero durante mil años y después, un mal día, se derrumba, es razonable aceptar el fracaso de esta obra espiritualmente civilizadora, puesto que el hormiguero que se ha derrumbado es el nuestro, el occidental, no los otros hormigueros. Pero en la Iglesia no hay pensadores que sean valientes, lo cual sólo demuestra que su proceso de encogimiento perdura. La Iglesia está muerta. En fin, continuar por este camino solamente daría pie a los papistas para decir que soy su enemigo, lo cual no es cierto en absoluto. No obstante, la actitud de la Iglesia en el mundo me recuerda las palabras de Jesús a los fariseos: «Sois como un perro que está acostado sobre el pesebre de los bueyes. Ni come ni deja comer a los bueyes».

- No recuerdo haberlo oído nunca. Y mira que fue gracias a ti que empecé a leer los evangelios; pero ahora…

- Si no lo recuerdas es porque se encuentra en los apócrifos, pero no me preguntes en cuál de ellos.[2]

- Si entendí bien esta cita, estás diciendo que la relación del hombre con Dios es hipócrita, esto es, que el hombre no se está alimentando espiritualmente y, por lo tanto, no puede realizarse plenamente en tanto que hombre.

- Muy acertado, Cinta. Por lo tanto, de nuevo nos encontramos como hace dos mil años, cuando Jesús detectó el mal interior del hombre: su relación falsa con Dios, un vivir meramente formal, un no poder comer el alimento del espíritu debido a una falsa estructura mental, pues el fariseo, tal como yo lo veo, para Jesús representaba la obstrucción, la barrera que está obstaculizando el paso de la naturaleza obscura a la naturaleza prístina. O, tal vez, simplemente el volver a recobrar esta naturaleza. Y, por consiguiente, *La novela sobre Auschwitz-Hiroshima* tenía que poner en el escenario la identidad del ser humano, este enigma hasta hoy no resuelto, no en tanto que yo individual, sino como yo ontológico, si me permites expresarme así.

---

[2] Evangelio de Tomás, logion 102.

- Desde luego, tendrás que explicarme este yo ontológico. Porque... ¿este yo ontológico me dice quién o qué soy?

- Creo que sí. Tú dices, pues todavía te ves y te piensas así, tú dices quién o qué soy. Pero quien está hablando aquí todavía es un yo particular, un ego individual; esta es solamente la primera fase de la comprensión del ser, la segunda, en cambio, la que completa la visión y te permite el camino hacia la plenitud, la segunda, pues, consiste en ver que yo no soy, sino que somos. En el soy hay inherente el somos, y en el somos hay inherente el soy. Luego ya dirás: yo soy y somos.

- ¿Yo soy y somos?

- Sí, es un modo de expresar a este yo ontológico. A ver, si yo digo: «Yo soy y somos», estoy expresando una conciencia que me engloba a mí y al otro, y es una conciencia unitaria, no un paso de mí mismo a otro. Cuando el *yo soy* se ignora, cuando no sabe quién es, cuando pasa al *nosotros somos*, no lo hace con un saber propio a la conciencia, sino que es un movimiento de la ignorancia de sí a la ignorancia colectiva, lo cual le confiere la seguridad que no está encontrando en el abismo que él – ese ego – *sabe* que existe en él y que tiene el nombre de la muerte, o sea, de su insoportable finitud. En resumen, si eres capaz de verlo y de verte a través de este «Yo soy y somos», entonces entenderás mejor lo que es tu identidad humana y el porqué de Auschwitz.

- Créeme si te digo que ahora lo entiendo perfectamente, y veo más claro, mucho más claro – dije muy segura, pero luego quise puntualizar –: Es decir, la identidad plena del ser humano se puede expresar con un «Yo soy y somos» que equivale a un «Soy uno y plural».

- Mejor: equivale a una conciencia de ser.

- Bien, continua – lo invité a proseguir.

- Pues ahora puedes entender mejor que el autor de Auschwitz es el «Yo soy».

- Y el de Hiroshima igual.

- Desde luego. Tiene poca importancia que este «Yo soy» sea alemán o americano. De hecho, esta distinción alimenta al «Yo soy»; es decir, es él quien hace esta distinción y quien se alimenta de ella. He aquí por qué es destructivo. Y para hacer más comprensible este proceso, podemos añadir que el «Yo soy» es un ego muy pequeño, muy miedoso, muy aislado – ¡mortal! – y que para afirmarse necesita pasar al «nosotros somos»; es entonces que se convierte verdaderamente en destructivo. En esto consiste la adhesión a la masa, la cual es en sí misma irracional.

- ¿La adhesión a la masa?

- La masa puede ser la patria – matizó él, y cogiendo aliento continuó –: También puede ser el Partido. O una ideología. Lo importante es comprender que ese «yo» se queda *adherido* a la masa, en donde queda totalmente anulado, esto es, su miedo, su pequeñez y su aislamiento se anulan mientras que él, ahora, halla el *sentido superior* de la colectividad. He ahí pues que este «Yo soy» ahora es un «nosotros somos»; lo que hace que este hombre se sienta irresponsable, ha anulado la poca conciencia que tenía y ya actúa con impunidad. La defensa de Eichmann en el juicio de Jerusalén consistió en afirmar que él solamente seguía las órdenes que emanaban del poder legalmente constituido como era Alemania. No obstante, no estoy muy seguro de que Eichmann no fuera nada más que un pobre diablo, pues durante su proceso también afirmó que él siempre había seguido el principio moral de Kant. ¡Por el amor de Dios!

- Pues si dejamos a ese pobre diablo de Eich-mann, tendremos que hablar del príncipe del pensamiento, Martin Heidegger.

- Heidegger, el pensador, como le agradaba de llamarse a sí mismo.

- ¿Por dónde empezamos? – pregunté –. ¿Bosquejando su pensamiento?

- Su pensamiento busca comprender aquello que los primeros filósofos griegos ya buscaron: ¿qué es el ser? Preguntar por el sentido del ser es preguntar también por el carácter histórico o temporal del ser, y él, en su libro *Ser y Tiempo* dice que no hay nadie mejor para responder a esa pregunta que el mismo *Dasein*, al que se traduce por el Ser Ahí, y que, de forma resumida, equivale al ser humano. Pues bien, esto que es muy comprensible, resulta incomprensible cuando pensamos en que Heidegger, ante la problemática de Auschwitz, se calla. Su refugio es el silencio.

- Me perdí – admití con una sonrisa –. Vuélvelo a explicar. ¿Qué es el *Dasein*?

Apenas lo pensó un instante y explicó:

- *Dasein*, antes de Heidegger, es la palabra alemana para existencia. A partir de él, *Dasein* tiene un sentido más concreto, siendo traducido por los traductores como el Ser Ahí. Pero si lo prefieres, y más prosaico, seria el hombre. Bueno, pues en su gran libro *Ser y Tiempo* él afirma que el único que puede responder a la pregunta sobre el Ser es el Ser Ahí, lo que es muy comprensible.

- Vale, eso se comprende.

- En cambio no resulta comprensible que el *Dasein* de Heidegger, por decirlo así, se calle ante la pregunta por Auschwitz, optando por el silencio.

- Enterados. ¿Y cómo interpretas su silencio?

- El silencio de una persona, y, en concreto, el silencio de un filósofo es difícil de interpretar. Las conjeturas no van a resolver lo que él pensaba sobre Auschwitz.

- Bueno, pero podrías explicar o resumir el capítulo que dedicabas a Heidegger en *La novela sobre Auschwitz*.

- No había tal capítulo. El lector que estuviera interesado podía acudir al mundo de los libros que tratan de la relación de Heidegger con el nazismo… El de Víctor Farías fue un escándalo, pero no estoy nada seguro de que fuera una ayuda para esclarecer el problema, pues la cuestión de fondo, el resumir el porqué de todo ello, se quedó muy difuminado. Lo que quiero decir es que los hechos son los hechos, sin embargo la comprensión del problema es algo muy diferente. Cada vez que alguien dice: «Heidegger, ¡ese nazi!», me está recordando una frase de Jean-Paul Sartre, el cual, recordémoslo, era comunista, y que dijo: «Heidegger era un filósofo mucho antes de que el nazismo fuera el nazismo». Y eso me recuerda a George Steiner, que dijo: «Seguramente Sartre estaba más emporcado en el comunismo que Heidegger en el nazismo». Y esto, tal vez, es cierto, pero la *diferencia*… ¿sabes cuál es?

- Auschwitz, obviamente.

- Sí, porque a pesar de que el Gulag segó a diez millones de vidas, el hecho es que Auschwitz simboliza la barbarie. Seis millones de judíos, hombres, mujeres, niños y ancianos, todos como animales llevados a las cámaras de gas, como si se tratara de fábricas industriales, porque de la grasa se hacía jabón, de los huesos pintas, y de los cabellos… En fin, ya no me acuerdo.

Se produjo un silencio, y la misma celda lo intensificaba. Yo dije:

- Volvamos a Heidegger. ¿Cuáles son los hechos básicos?

- Bueno, creo que el lector tendría que leer el discurso que él pronunció al tomar posesión del cargo de rector: «La autoafirmación de la universidad alemana». Luego tendría que leer un escrito suyo titulado «El rectorado», del año 1945, y finalmente la entrevista al semanario *Der Spiegel*, publicada póstumamente. Todo ello ayuda a entender un poco lo que pasó.

Consulté mis notas, y le leí:

- Es decir: Heidegger es nombrado rector de la Universidad de Friburgo en el 33, se afilió al partido nazi y un año después dimitió del cargo de rector, y, por lo que yo sé, no volvió a tener ninguna actividad política, o sea que no estuvo comprometido activamente en la acción política, a pesar de que tampoco se dio de baja del Partido. Por lo que sé tampoco fue antijudío. Hannah Arendt, judía, que de joven fue su amante, no escribió ni le acusó nunca de ello. Yo no veo por donde se le puede acusar de lo de Auschwitz.

Él hizo un gesto de desaprobación. Dijo:

- ¡Lo simplificas todo, tú! El antisemitismo estaba esparcido por todos los rincones de Alemania, no fueron los nazis los que sembraron la semilla antijudía, esto ya era un problema histórico, lo que pasa es que los nazis lo explotaron de un modo criminal. Si Heidegger era poco o mucho antisemita, esto solamente lo sabía él. Ahora bien, nadie se afilia al partido nazi sin que no sea antisemita, al menos en teoría. ¿Fue éste el caso de un pensador como Heidegger? El hecho es que la atmósfera alemana debía de ser irrespirable… Él no podía quedarse al margen, y de grado o por fuerza quitó su dedicatoria a Husserl en *Ser y Tiempo* por ser judío. Sin embargo, en la entrevista póstuma él se defiende arguyendo ejemplos de que cuando era rector prohibió que se colgase el «cartel de judío», que las otras universidades ya habían colgado, y que también prohibió la quema de libros ante el patio de la universidad, y que defendió a dos profesores judíos a los que se quería echar de la universidad. Por lo tanto, debemos creerle. Ahora bien, él no lo dice todo, esconde lo que le puede perjudicar, como por ejemplo un informe o denuncia que hizo contra un profesor *pacifista*. Como puedes ver los hechos se mezclan de los dos lados. Sin embargo, debo decir que el pensamiento de Heidegger no es racista.

- A su mujer, en cambio, se la considera anti-judía y…

- Mira, Cinta, la cuestión es mucho más compleja que todas esas miserias. Y no creo que nuestra conversación sobre ese punto nos lleve a ningún sitio.

- De acuerdo – dije con resolución –. Pero te pido que hagas una valoración sobre el silencio del filósofo tal como me la has hecho alguna vez comparándola con Grecia.

- Sí, te entiendo. Pues en *La novela sobre Auschwitz* se decía, más o menos, lo siguiente: Heidegger no es un gran hombre, a pesar de que sea un gran filósofo; esta afirmación puede resultar paradoja, pero la realidad nos muestra que tales paradojas son reales. El silencio de Heidegger no lo convierte en grande, lo convierte en pequeño. Incluso no se le pide una condena del régimen nazi por parte de él, pues esto lo puede hacer cualquiera. No cuesta mucho decir: mirad, durante un año perdí el culo por una puta, y ahora me arrepiento de ello. Entendiendo aquí que la puta es el nazismo. Subrayémoslo: lo puede hacer cualquiera. Heidegger no era un cualquiera, era un filósofo. Y era en tanto que filósofo que él tendría que haber realizado una valoración moral de Auschwitz. Esto es precisamente lo que echamos de menos en él, *la ética de Auschwitz*. Es este silencio, pues, el que lo hace pequeño. Porque si en Grecia hubiera sucedido una catástrofe parecida a la de Auschwitz, una catástrofe que cuestionase radicalmente el sentido de la civilización griega, y Platón, habiendo vivido el tiempo metafísico de una tal catástrofe, hubiera elegido el silencio, entonces Platón no sería grande, sino mezquino.

- ¿Heidegger fue mezquino?

- Heidegger fue mezquino y, a la vez, fue el filósofo más grande del siglo veinte. He aquí la paradoja.

- Tengo aquí una nota que encontré en un libro y que dice que Heidegger en privado, esto es, entre sus allegados, reconoció su colaboración con el nazismo y entonó el mea culpa con esta frase: «Los grandes hombres cometen los grandes errores».

- En privado no vale – protestó él –. Pero es que esta frase, sea o no de Heidegger, muestra una confusión conceptual. Él quiere significar a los genios, o a los hombres fuera de serie. Nietzsche, por ejemplo, puede ser un gran filósofo, un genio, pero quizás no sea un «gran hombre». Porque precisamente un gran hombre no debe de ser necesariamente genial, al contrario, puede ser un humilde campesino o un obrero gris. Ahora bien, ¿qué se entiende o qué entiendo yo por gran hombre? Pues aquel que frena el mal y fomenta el bien. La cuestión es saber si él aceptaría esta definición de gran hombre.

- ¿De verdad?

- Sí, porque filosóficamente resulta problemático decir qué es el bien y qué es el mal.

- Pero el mal resulta evidente: Auschwitz.

- Pero, ahora, Maria Cinta, decirlo ahora así supone una simplificación demasiado fácil. ¿Pretendes juzgar a Heidegger y condenarlo como si fuera la peste? No, no, déjalo. Si proseguimos por ese camino caeremos en la banalización, y *La novela sobre Auschwitz e Hiroshima* pretendía ser la conciencia de no caer en la banalización.

- Pues bien – dije yo al verlo un poco cansado del tema –, atengámonos a esto. Escarbando un poco en la obra de Heidegger, pues resulta que según Adorno tota ella es fascista.

- Conocía esta cita de Adorno; pero no olvides que Adorno era marxista, y esta particularidad, según mi opinión, distorsionaba su punto de vista. Yo creo que no debemos confundir las cosas: hay una diferencia entre el hecho de que Heidegger, al menos una temporada, coincidiera con el nacionalsocialismo y el hecho de que su obra filosófica sea fascista. Estoy mucho más cerca de Jürgen Habermas cuando dice que en el momento en que Heidegger se sumó por completo al nazismo convirtió su pensamiento en ideología comprometiendo parcialmente su filosofía. En fin, yo diría que es cierto que su pensamiento y el de la ideología nazi coinciden en un momento dado. Después se separaran, sin embargo hay un momento en el rectorado en que su pensamiento coincide con ella. Recordemos que fue entonces cuando Heidegger habló de *la verdad y la grandeza interior* del movimiento nacionalsocialista.

Por un momento me quedé perpleja, dije:

- Prosigue, por favor. Parece muy interesante.

- La pregunta que se debe responder es: ¿cuál

era su pensamiento?

- ¿Y cuál era?

- No es fácil de responder. Pero podemos decir que hacia el año treinta y cinco él declaró que Rusia y América metafísicamente eran lo mismo.

- ¿De verdad? Creo que había mucha diferencia entre el comunismo y el capitalismo.

- Dije metafísicamente, no políticamente. Y todo esto, desde luego, no es tan fácil de explicar. Digamos, pero, que todo ello está muy relacionado con la historia de la metafísica, de Platón acá, y con el problema de la técnica, a la que Heidegger estudió muy bien por considerarla un peligro. Por lo que se refiere a este punto... Tal vez tendría que leerte un texto que nos ayudaría a comprender su pensamiento de entonces.

- Vale.

- Quizá sea un poco largo – me avisó.

- Me parece bien – respondí, y él se levantó para ir a buscar el libro en la estantería. Tardó un rato, pero al fin lo encontró y explicó:

- Es una página de la *Introducción a la metafísica*, un curso que él dictó en el año treinta y cinco. La frase que té cité antes sobre *la verdad y la grandeza del movimiento* pertenece a este curso. Escucha, dice así:

«Esa Europa, siempre a punto de apuñalarse a sí misma en su irremediable ceguera, se encuentra hoy en día entre la gran tenaza que forman Rusia por un lado y Estados Unidos por el otro. Desde el punto de vista metafísico, Rusia y América son lo mismo; en ambas encontramos la desolada furia de la desenfrenada técnica y de la excesiva organización del hombre normal. Cuando se haya conquistado técnicamente y explotado económicamente hasta el último rincón del planeta, cuando cualquier acontecimiento en cualquier lugar se haya vuelto accesible con la rapidez que se desee, cuando se pueda «asistir» simultáneamente a un atentado contra un rey de Francia y a un concierto sinfónico en Tokio, cuando el tiempo ya sólo equivalga a velocidad, instantaneidad y simultaneidad, y el tiempo en tanto historia haya desaparecido de cualquier ex-sistencia de todos los pueblos, cuando al boxeador se le tenga por el gran hombre de un pueblo, cuando las cifras de millones de asambleas populares se tengan por un triunfo… entonces, sí, todavía entonces, como un fantasma que se proyecta más allá de todas estas quimeras, se extenderá la pregunta: ¿para qué? ¿hacia dónde? ¿y luego qué?

La decadencia espiritual del planeta ha avanzado tanto que los pueblos están en peligro de perder sus últimas fuerzas intelectuales, las únicas que les permitirían ver y apreciar tan sólo como tal esa decadencia (entendida en relación con el destino del «ser»). Esta simple constatación no tiene nada que ver con un pesimismo cultural, aunque ciertamente tampoco con el optimismo; porque el oscurecimiento del mundo, la huida de los dioses, la destrucción de la Tierra, la masificación del hombre, el odio que desconfía de cualquier acto creador y libre, han alcanzado en toda la Tierra una dimensión tal que categorías tan pueriles como pesimismo u optimismo se han vuelto ridículas desde hace tiempo».

- ¡Caramba! – exclamé admirada y confusa.
- Es un texto muy denso, digno de ser releído y meditado.
- Si no lo he entendido mal, Rusia y América son lo mismo debido a la técnica.

- Muy cierto. Y justo en medio está Alemania. Esto es, la Alemania nacionalsocialista; ella representa, al menos para Heidegger en aquel crítico momento de la historia, la verdadera salvación de la civilización, puesto que la técnica representa el peligro que se impone sobre el espíritu, pues somete al hombre al dominio de la técnica en tanto que la instrumentalización de sí mismo y la aceptación de la idea técnica del mundo como algo *natural*. De hecho, esta visión del mundo es la que hoy se ha acabado por imponer. Y confío que no me acuses de neofascista.

- No, si a todas luces se ve que la técnica hoy domina en todo el planeta. De algún modo Heidegger tenía razón.

- Por eso él decía irónicamente que la ciencia no piensa.

- La ciencia ¿no piensa? – pregunté extrañada.

- No, la ciencia no piensa – confirmó sonriendo –. La ciencia, a través de la técnica, es un modo de manifestar, descubrir e interpretar la realidad regida por el cálculo, lo útil y el rendimiento.

- ¡Me suena fatal! – me quejé.

- Pero es ese mundo el que ha triunfado – murmuró él.

- Así es. Pero… volviendo atrás. Me resulta difícil ver como la ideología nazi podía representar un sentido más humanista que Rusia y América.

- En la medida en que él la estaba viendo metafísicamente, sí. Piensa que… Mira, Heidegger consideraba que la civilización había tocado fondo, y por ello la revolución nacionalsocialista podía poner el punto final a la Modernidad originando así un nuevo comienzo. Heidegger era muy radical en este sentido, y de hecho presentó su dimisión de rector porque discrepaba de la política que seguía el Partido, pues la revolución no avanzaba en el sentido metafísico.

- ¡Oh, oh! ¡Explícamelo!

- La revolución metafísica quería decir que Heidegger perseguía el retorno de lo griego en el cuerpo social: la revolución en tanto que restauración de la potencia original propia a la eclosión de la filosofía griega.

Me quedé pensativa por un momento. Dije:

- Volvamos atrás. Entonces para Heidegger la Alemania nacionalsocialista, a diferencia de América y Rusia, no representaba el peligro de la técnica.

- Correcto.

- Pero...

- Luego se dio cuenta de que no era diferente.

- Luego... ¿Cuándo?

- En el año treinta y seis él empezó a impartir unos cursos sobre Nietzsche en la universidad que se prolongaron seis o siete años. Fue a partir del estudio en profundidad de Nietzsche que él descubrió que la voluntad de poder era la última esencia de la metafísica iniciada por Platón. Mucho antes, cuando Heidegger publicó *Ser y Tiempo*, ya se había propuesto destruir la metafísica porque la consideraba un error histórico que falseaba el auténtico pensamiento, es decir, la cuestión de la pregunta por el Ser.

Pensé que estábamos entrando en un terreno complicado. Sin embargo debíamos de continuar.

- ¿Se puede considerar a Nietzsche un precursor del nazismo?

- No – dijo moviendo su cabeza y riéndose.

- ¿Por qué te ríes?

- Estaba pensando en unas frases de *Así habló Zaratustra*. Lo que dice de la guerra lo suscribiría un nazi, pero no lo que dice del estado. Y de la mujer...

Afirma que la mujer es un enigma, pero que todos sus problemas se resuelven cuando uno la deja preñada.

- ¡Anda!

- Sí, pero también dice que la esperanza más grande que él tiene es redimir la venganza. Como puedes…

Lo interrumpí:

- ¿De qué va eso?

- Digo que Nietzsche en *Así habló Zaratustra* afirma que la gran esperanza que aún existe es redimir la venganza. Y yo estoy convencido de que éste es el trabajo más noble que tenemos, sobre todo si nos acordamos que la venganza es el pecado capital de la humanidad. Es decir, si consideramos que el hombre tiene unos diez mil años, pues desde hace diez mil años practica la cultura de la venganza. Incluso hoy. Bueno, y no digamos los nazis: Auschwitz fue una gran venganza contra los judíos.

- Muy cierto – dije pensativa.

- Lo que pasa con Nietzsche es que llega un momento en que resulta pesado. No para de pregonar la muerte de Dios y a la vez la necesidad de crear nuevos valores. Tenemos que crear nuevos valores… Pues bien, lo que pienso es que el lector nietzscheano de los años treinta, todos muy cultos, podían perfectamente ver en Hitler al héroe que venia a crear nuevos valores, a crear un nuevo mundo. El *orden nuevo*, como lo llamaban los nazis. Heidegger hubiera podido sentirse seducido por todo este discurso del superhombre y de la creación de nuevos valores. Todo ello de un modo positivo, no negativo, tal como vemos hoy al nazismo en tanto que ideología.

- ¿Me estás diciendo que el nazismo tenía cosas buenas?

- Mira: a priori, sí. No tan sólo venció en las

elecciones sino que, también, se ganó al pueblo. Fíjate que Zaratustra se define como abogado de la vida. Pero más que abogado es un fanático de la vida. Además, Nietzsche proclama el lema de ser fiel al sentido de la tierra. En resumen: lo uno y lo otro eran ideas que los nazis podían vender seductoramente. O ideológicamente, si lo prefieres.

- Pues bien: ¿fue precursor del nazismo? – insistí.

- En absoluto – declaró rotundo –. Su pensamiento no tiene nada que ver con la ideología nazi; lo que pasa es que tiene unas cuantas ideas y sentencias que son auténticamente provocadoras e incendiarias. Pero nada más. Es decir, es un visionario cuando afirma: «Yo estoy contando la historia de los dos próximos siglos: la llegada del nihilismo». Para mí que dio en el clavo. Y si nos fijamos en cómo surgió el nazismo en medio del nihilismo, todo es más revelador.

- Es cierto, incluso hay ahí mucho de teatro – asentí.

- Yo también lo veo así. Y les salió bien porque los nazis no dejaron de explotar una estética de la representación colectiva.

- ¿Estética? ¿Estas seguro?

- A lo mejor era zafia, pero era estética.

- Quieres decir…

- Disculpa – me interrumpió –. Quisiera terminar con Nietzsche diciendo que él destruyó una buena parte del pensamiento metafísico anterior a él, sin embargo lo continuó en su teoría de la voluntad de poder. En la medida en que él destruyó muchas cosas, y fueron muchas, pues se convirtió en un nihilista. La ética, por ejemplo, deja de tener un sólido fundamento. Y Heidegger se apercibió de ello.

- ¿Qué quieres significar?

- Si Dios está muerto, ¿la ética en qué se fundamenta? En la Nada.

- Entonces, ¿Heidegger no creía en nada?

- Al contrario. Él creía en algunas cosas que esencialmente son *peligrosas*. En primer lugar, creía en el destino histórico de Alemania, y, en segundo lugar, creía que la lengua alemana era la única que podía pensar al Ser. En resumen, de alguna manera es normal que Heidegger abrazase, aunque fuera un breve abrazo, al nazismo. El nacionalismo de Hitler deslumbró a no pocas personas que no eran estúpidas. Y no todas eran alemanas, una parte también eran europeos.

- Entonces para ti todas esas ideas *peligrosas* lo arrojaron en brazos de Hitler, es decir, del nazismo.

- Estoy convencido de ello – afirmó moviendo la cabeza –. Los nazis, como tú sabes, no es que fueran ultranacionalistas, sino racistas: creían en que la raza aria era superior a las otras, y, por consiguiente, consideraban a Alemania como una nación superior al resto. Pues bien, Heidegger consideraba que Alemania era un pueblo metafísico, por lo tanto históricamente tenía la misión de continuar el pensamiento griego. De hecho, era el único pueblo capaz de pensar al Ser.

- La lengua también era especial, ¿no?

- Desde luego. Heidegger afirma que la lengua griega, en relación a las posibilidades del pensamiento, es, juntamente con la alemana, la más poderosa y al mismo tiempo la más espiritual.

- ¿Todo esto no será racismo intelectual?

- Ya, pero piensa que tú misma, al principio, has dicho que Alemania era el país más culto de todos, con pensadores y escritores excepcionales. Por lo tanto, deberías entender que los mismos alemanes, y en especial la clase intelectual, *históricamente* era conciente, plenamente conciente de ser un pueblo culturalmente *diferente*; Heidegger lo llamará metafísico, pero puedes escribir «espiritual». En una palabra: Heidegger no fue el primero en creer que Alemania era superior, ya que los hechos lo demostraban, sino que mucho antes de él... prácticamente todos los grandes pensadores y escritores concebían a la cultura alemana como algo muy especial, único.

- Sí, lo entiendo – concedí yo.

- El problema es que todo esto puede llegar a ser peligroso. Lo tienes que saber controlar, y Heidegger se dejó infectar con la lengua y la patria hasta que su mente generó la mala yerba del mal. Este fue el batacazo del pensador, y su miseria.

Me pareció que era muy duro. Dije:

- Regresemos a la muerte de Dios. Si la ética no tiene un sólido fundamento, como acabas de decir, entonces ¿qué pasa con el mal?

- ¡Ah, mira! La cuestión más difícil de resolver de todas.

- Sin embargo, el mal es objetivo – le objeté.

- Supongamos que te lo acepto. Bien, ¿por qué América no reconoce que la bomba atómica sobre Hiroshima es obra del mal?

Se hizo un largo silencio que se alimentaba de la clausura de la celda y que invitaba a la reflexión. Yo pensaba cabizbaja. Comprendía la dificultad de la cuestión, y lo resbaladizo que resulta ser el mal.

- Cuando entramos en matices con el mal, ya lo estamos convirtiendo en *mal*, ¿no?

- No acabo de entenderte – comentó también pensativo –. Pero déjame que te diga dos cosas antes de que se me olvide. La primera: el silencio de Heidegger sobre Auschwitz se puede interpretar en el sentido de que él cree que la moral, la ética, todavía supone un modo y una secuela de la manera metafísica de pensar, lo que él combate y rechaza. La segúnda es consecuencia de esta, ya que la técnica es la herencia ontológica de la metafísica, y, por consiguiente, de algún modo es el mal.

- No estoy segura de que todo el mundo lo aceptase. El progreso…

- Mejor dicho: la tecnociencia, que domina y saquea no tan sólo al planeta sino también al hombre. ¿Qué es lo real para la tecnociencia? Pues lo real es todo aquello que se convierte en material de explotación; todo se puede reducir a mera disponibilidad, después la planificación y el cálculo lo convertirán todo en puro medio e instrumento. Este es, resumido, el sentido de todo.

- Por lo tanto, ¿el mal ha triunfado?

- El combate entre el mundo espiritual y el mundo de la técnica ha dado por resultado el triunfo de éste último, sin embargo… El espíritu se esconde.

- ¿El espíritu se esconde? ¿Dónde?

- En tu silencio.

- ¿En mi silencio? – pregunté extrañada.

- Sí.

Por un momento me quedé desconcertada. No sabía qué decir. Descansé la mirada en mis notas, y instintivamente murmuré:

- El mal ha triunfado, pues.

- El mal no ha triunfado, simplemente está vivo. La historia de Auschwitz e Hiroshién nos debe enseñar que el mal no muere, que la humanidad se debe acostumbrar a vivir con él y a tratar con él. Todavía más: ahora sabemos que el mal estaba tanto en individuos mediocres como Eichmann como en grandes pensadores como Heidegger.

- Y sin embargo, si Dios está muerto todo eso carece de valor.

- Ahora empezamos a dar vueltas a lo mismo, pero de ello no sacarás nada de provecho – dijo pasándose su mano por la cara y dando evidentemente la conversación por acabada, pero añadió –: Déjame que acabe esta conversación con una cita de Ernst Jünger que alude tanto al nihilismo que Nietzsche puso en boga como a la caída de Heidegger en el nazismo, que dice así: «Quién no ha experimentado en sí mismo la enorme potencia de la Nada y no ha sufrido su tentación, bien poco conoce la nuestra época».

- Yo también quisiera concluir con un par de preguntas sobre literatura. Hace tantos años que seguramente no te acuerdas, pero después de citar a Kafka: «Un libro debe ser el martillo que haga en mil pedazos la cabeza del lector», añadiste que si el escritor no está convencido de que el libro que escribe no será aquel martillo, pues tendría que no escribirlo. ¿Ha sido éste tu caso en *La novela sobre Auschwitz-Hiroshima?*

- No, en absoluto. Mira, no basta que un escritor quiera escribir una novela que no sea banal, sino que, además, ha de estar muy atento a que la banalización no se introduzca en ella. Es un hecho que una gran parte de la literatura actual es banal, y ello no quiere decir que la banalidad no pueda fascinar al lector, al contrario, la banalización puede fascinar al lector, igual que la banalización de la violencia fascinó a muchas personas que al instante se adhirieron al nazismo y al fascismo. Por ello, *La novela sobre Auschwitz e Hiroshima* tenía que ir con mucho cuidado en no caer en banalidades sentimentales o fáciles simplificaciones, muy típico del cine. ¿Me sigues? Auschwitz no tiene nada de banal, ni tampoco Hiroshima. Y sin embargo, estos dos hechos a veces solamente producen un horror epidérmico. Es de este modo como el lector pierde el *sentido* de la lectura. Y perder el *sentido de la lectura* es propiamente la banalización. Y el núcleo de Auschwitz es precisamente que el hombre perdió el sentido de ser hombre, esto es, *el sentido del ser*. El que no entienda esto no entenderá nada. Su conciencia se encogerá hasta convertirse en algo completamente banal.

- *La novela sobre…*

- ¿Y tu segunda pregunta?

- Sí. Déjame que consulte mis notas… En cierta ocasión me dijiste que el escritor debe ser un mediador entre el mundo, cotidiano y prosaico, del lector y el mundo, claro y liberador, del arte en el espíritu. El buen escritor, dijiste, hace esta función, esto es, saca al lector de su propio mundo, elevándolo y trasformándolo; por el contrario el escritor malo, pero de éxito, sólo distrae por unas horas al lector haciéndole olvidar su mundo pequeño y miserable, pero luego lo deja en su mismo mundo, ahora todavía más mortal. La pegunta es: ¿crees aún en la misión de mediador del escritor?

- Totalmente. La misión del gran escritor es despertar al hombre de su vida mortal.

Y entonces emergió en mí ese gran silencio.